TINGS AN TIMES

CDs BY LINTON KWESI JOHNSON

Tings an' Times

NEW REGGAE POEMS

LKJ calls this classic reggae poetry album 'a reflective look on how far we have come in the black struggle and where we are going'. It blends a slick Bovell-reggae sound with a variety of unusual instruments, with Johnny T of the Reggae Philharmonic Orchestra taking a violin solo, and Ian Hill on accordion. It also features a flute solo and a Caribbean-style guitar as well as more conventional reggae instruments such as trombone, Afro-Jamaican percussion, trumpet and saxophone.

1991 7 tracks 37 minutes LKJ CD 013

LKJ A Capella Live

NEW REGGAE POEMS

Nearly all LKJ's reggae recordings began life as poems rather than musical compositions. He published as a poet before he was a reggae artist. This recording takes his poetry back to its roots, with a selection from live readings in London, Belgium and Holland. The poems are old and new, and include 'If I Woz a Tap Natch Poet', LKJ's statement of his poetic ideals made in response to the *Oxford Companion to Twentieth Century Poetry*'s comments on dub poetry.

1996 14 tracks 43 minutes LKJ CD 016

Both these CDs are available at £12.92 each (inc. VAT) from Bloodaxe Books or from LKJ Records.

TINGS AN TIMES

Selected Poems

LINTON KWESI JOHNSON

BLOODAXE BOOKS
LKJ (MUSIC) PUBLISHERS

ISBN: 1 85224 162 4

First published 1991 by
Bloodaxe Books Ltd,
P.O. Box 1SN,
Newcastle upon Tyne NE99 1SN,
in association with
LKJ (Music) Publishers Ltd,
P.O. Box 623,
Herne Hill,
London SE24 0LS.

Second impression 1997.

Bloodaxe Books Ltd acknowledges
the financial assistance of Northern Arts.

Cover reproduction by V & H Reprographics, Newcastle upon Tyne.

Cover printing by J. Thomson Colour Printers Ltd, Glasgow.

Printed in Great Britain by
Cromwell Press Ltd, Broughton Gifford, Melksham, Wiltshire.

For Barbara, Karen, Eric and Marcus

Acknowledgements

Some of the poems in this book have been selected from Linton Kwesi Johnson's collections *Voices of the Living and the Dead* (Race Today, 1974), *Dread Beat an Blood* (Bogle-L'Ouverture, 1975) and *Inglan Is a Bitch* (Race Today, 1980), and from his records *Making History* (Island Records, 1983) and *Tings an Times* (Stern's Records, 1991). Some have appeared in *Race Today* ('Reggae fi Radni', 'Mekkin Histri', 'Di Great Insohreckshan', 'New Craas Massahkah'), and various anthologies including *Hinterland* (Bloodaxe Books, 1989) and *The Penguin Book of Caribbean Verse* ('Reggae fi Dada').

The cover shows *At the Control* by Denzil Forrester (oil on canvas, 244 x 183 cm).

Contents

Dread Beat an Blood

brothers an sisters rocking
a dread beat pulsing fire burning

chocolate hour an darkness creeping night

black veiled night is weeping
electric lights consoling   night

a small hall soaked in smoke
a house of ganja mist

music blazing sounding thumping fire blood
brothers an sisters rocking stopping rocking
music breaking out bleeding out thumping out fire
                                                            burning

electric hour of the red bulb
staining the brain with a blood flow
an a bad bad thing is brewing

ganja crawling, creeping to the brain
cold lights hurting breaking hurting
fire in the head an a dread beat bleeding beating fire
                                                                  dread

rocks rolling over hearts leaping wild
rage rising out of the heat an the hurt
an a fist curled in anger reaches a her
then flash of a blade from another to a him
leaps out for a dig of a flesh of a piece of skin
an blood bitterness exploding fire wailing blood
                                                      and bleeding

Five Nights of Bleeding
(for Leroy Harris)

1

madness...madness...
madness tight on the heads of the rebels
the bitterness erupts like a hot-blast
                                        broke glass
rituals of blood on the burning
served by a cruel in-fighting
five nights of horror an of bleeding
                                        broke glass
cold blades as sharp as the eyes of hate
an the stabbings
it's war amongst the rebels
madness...madness...war.

2

night number one was in BRIXTON
SOPRANO B sound system
was a beating out a rhythm with a fire
coming doun his reggae-reggae wire
it was a soun shaking doun your spinal column
a bad music tearing up your flesh
an the rebels them start a fighting
the yout them jus turn wild
it's war amongst the rebels
madness...madness...war.

3

night number two doun at SHEPHERD'S
right up RAILTON ROAD
it was a night named Friday
when everyone was high on brew
or drew a pound or two worth a kally
soun coming doun NEVILLE KING'S music iron

the rhythm jus bubbling an back-firing
raging an rising, then suddenly the music cut
steel blade drinking blood in darkness
it's war amongst the rebels
madness...madness...war.

4

night number three
over the river
right outside the RAINBOW
inside JAMES BROWN was screaming soul
outside the rebels were freezing cold
babylonian tyrants descended
pounced on the brothers who were bold
so with a flick
of the wrist
a jab an a stab
the song of blades was sounded
the bile of oppression was vomited
an two policemen wounded
righteous righteous war.

5

night number four at a blues dance
                                        a blues dance
two rooms packed an the pressure pushing up
hot. hot heads. ritual of blood in a blues dance
                                                            broke glass
splintering fire, axes, blades, brain – blast
rebellion rushing doun the wrong road
storm blowing doun the wrong tree
an LEROY bleeds near death on the fourth night
                                                        in a blues dance
on a black rebellious night
it's war amongst the rebels
madness...madness...war.

6

night number five at the TELEGRAPH
vengeance walked through the doors
so slow
so smooth
so tight an ripe an smash!
                                        broke glass
a bottle finds a head
an the shell of the fire-hurt cracks
the victim feels fear
                finds hands
                holds knife
                finds throat
o the stabbings an the bleeding an the blood
it's war amongst the rebels
madness...madness...war.

Inglan Is a Bitch

w'en mi jus' come to Landan toun
mi use to work pan di andahgroun
but workin' pan di andahgroun
y'u don't get fi know your way aroun'

Inglan is a bitch
dere's no escapin' it
Inglan is a bitch
dere's no runnin' whey fram it

mi get a lickle jab in a big 'otell
an' awftah a while, mi woz doin' quite well
dem staat mi aaf as a dish-washah
but w'en mi tek a stack, mi noh tun clack-watchah!

Inglan is a bitch
dere's no escapin it
Inglan is a bitch
noh baddah try fi hide fram it

w'en dem gi' yu di lickle wage packit
fus dem rab it wid dem big tax racket
y'u haffi struggle fi mek en's meet
an' w'en y'u goh a y'u bed y'u jus' cant sleep

Inglan is a bitch
dere's no escapin' it
Inglan is a bitch fi true
a noh lie mi a tell, a true

mi use to work dig ditch w'en it cowl noh bitch
mi did strang like a mule, but, bwoy, mi did fool
den awftah a while mi jus' stap dhu ovahtime
den awftah a while mi jus' phu dung mi tool

Inglan is a bitch
dere's no escapin' it
Inglan is a bitch
y'u haffi know how fi suvvive in it

well mi dhu day wok an' mi dhu nite wok
mi dhu clean wok an' mi dhu dutty wok
dem seh dat black man is very lazy
but if y'u si how mi wok y'u woulda seh mi crazy

Inglan is a bitch
dere's no escapin' it
Inglan is a bitch
y'u bettah face up to it

dem have a lickle facktri up inna Brackly
inna disya facktri all dem dhu is pack crackry
fi di laas fifteen years dem get mi laybah
now awftah fifteen years mi fall out a fayvah

Inglan is a bitch
dere's no escapin' it
Inglan is a bitch
dere's no runnin' whey fram it

mi know dem have work, work in abundant
yet still, dem mek mi redundant
now, at fifty-five mi gettin' quite ol'
yet still, dem sen' mi fi goh draw dole

Inglan is a bitch
dere's no escapin' it
Inglan is a bitch fi true
is whey wi a goh dhu 'bout it?

Bass Culture
(for Big Yout)

1

muzik of blood
black reared
pain rooted
heart geared

all tensed up
in di bubble an di bounce
an di leap an di weight-drop

it is di beat of di heart
this pulsing of blood
that is a bubblin bass
a bad bad beat
pushin gainst di wall
whey bar black blood

an is a whole heappa
passion a gather
like a frightful form
like a righteous harm
giving off wild like is madness

2

BAD OUT DEY

3

hotta dan di hites of fire
livin heat doun volcano core
is di cultural wave a dread people deal

spirits riled
an rise an rail thunda-wise

latent powa
in a form resemblin madness
like violence is di show
burstin outta slave shackle
look ya! boun fi harm di wicked

man feel
him hurt confirm
man site
destruction all aroun
man turn
love still confirm
him destiny a shine lite-wise
soh life tek the form whey shiff from calm
an hold di way of a deadly storm

5

culture pulsin
high temperature blood
swingin anger
shattering di tightened hold
the false fold
round flesh whey wail freedom
bitta cause a blues
cause a maggot suffering
cause a blood klaat pressure
yet still breedin love
far more mellow
than di soun of shapes
chanting loudly

6

SCATTA-MATTA-SHATTA-SHACK!
what a beat!

7

for di time is nigh
when passion gather high
when di beat jus lash
when di wall mus smash
an di beat will shiff
as di culture alltah
when oppression scatta

Reggae Sounds

Shock-black bubble-doun-beat bouncing
rock-wise tumble-doun soun music
foot-drop find drum blood story
bass history is a moving
                is a hurting black story

Thunda from a bass drum sounding
lightning from a trumpet and a organ
bass and rhythm and trumpet double-up
team-up with drums for a deep doun searching

Rhythm of a tropical electrical storm
(cooled doun to the pace of the struggle)
flame-rhythm of historically yearning
flame-rhythm of the time of turning
measuring the time for bombs and for burning

Slow drop. make stop. move forward.
dig doun to the root of the pain
shape it into violence for the people
they will know what to do they will do it

Shock-black bubble-doun-beat bouncing
rock-wise tumble-doun soun music
foot-drop find drum blood story
bass history is a moving
                is a hurting black story

All Wi Doin Is Defendin

war...war...
mi seh lissen
oppressin man
hear what I say if yu can
wi have
a grevious blow fi blow

wi will fite yu in di streets wid wi han
wi hav a plan
soh lissen man
get ready fi tek some blows

doze days
of di truncheon
an doze nites
of melancholy locked in a cell
doze hours of torture touchin hell
doze blows dat caused my heart to swell
were well
numbered
and are now
at an end

all wi doin
is defendin
so get yu ready
fi war...war...
freedom is a very firm thing

all oppression
can do is bring
passion to di heights of eruption
an songs of fire wi will sing

no…no…
noh run
yu did soun yu siren
an is war now
war…war…

di Special Patrol
will fall
like a wall force doun
or a toun turn to dus
even dough dem think dem bold
wi know dem cold like ice wid fear
an wi is fire!

choose yu weapon dem
quick!
all wi need is bakkles an bricks an sticks
wi hav fist
wi hav feet
wi carry dandamite in wi teeth

sen fi di riot squad
quick!
cause wi runnin wild
wi bitta like bile
blood will guide
their way
an I say
all wi doin
is defendin
soh get yu ready
fi war…war…
freedom is a very fine thing

It Dread inna Inglan
(for George Lindo)

dem frame-up George Lindo
up in Bradford Toun
but di Bradford Blacks
dem a rally roun

mi seh dem frame-up George Lindo
up in Bradford Toun
but di Bradford Blacks
dem a rally roun...

Maggi Tatcha on di go
wid a racist show
but a she haffi go
kaw,
rite now,
African
Asian
West Indian
an' Black British
stan firm inna Inglan
inna disya time yah

far noh mattah wat dey say,
come wat may,
we are here to stay
inna Inglan,
inna disya time yah...

George Lindo
him is a working man
George Lindo
him is a family man
George Lindo
him nevah do no wrang

George Lindo
di innocent one
George Lindo
him noh carry no daggah
George Lindo
him is nat no rabbah
George Lindo
dem haffi let him go
George Lindo
dem bettah free him now!

Jamaica Lullaby
(to the memory of Olive Morris)

So soon
the moon
rises tonight
making fire
making sparks
piercing spots of dark

stars gather gold
making holes
in the vast body of night
dogs begin
their ritual barks
and howls as fowls
steal sleep to meet
tomorrow face to face

So soon
the moon
rises tonight
meeting screams
shouts of lies
as hard black fists
find labour's most
devout female flesh
whose sweat whose hurt
now makes a tear

Tears will
roll down
sorrow's crevices
will flow down
to heart's hurt

Now the sobbing
rests awhile
Believers sin
God dreams
cats rats
babies scream for food

the hungry earth
dreams too
for just a drop of rain
so as to breathe again
and give out sap to dying roots

So soon
the rain of dew
on sleeping green of grass
the memories hearts are keeping
will soon slide down in dreams
when no one sleeps
but close their eyes and weep

Sonny's Lettah
(Anti-Sus Poem)

Brixtan Prison
Jebb Avenue
Landan south-west two
Inglan

Dear Mama,
Good Day.
I hope dat wen
deze few lines reach y'u,
they may find y'u in di bes' af helt.

Mama,
I really doan know how fi tell y'u dis,
cause I did mek a salim pramis
fi tek care a lickle Jim
an' try mi bes' fi look out fi him.

Mama,
Ah really did try mi bes',
but none-di-les'
mi sarry fi tell y'u seh
poor lickle Jim get arres'.

It woz di miggle a di rush howah
wen everybady jus' a hus'le an' a bus'le
fi goh home fi dem evenin' showah;
mi an' Jim stan-up
waitin' pan a bus,
nat causin' no fus',
wen all an a sudden
a police van pull-up.

out jump t'ree policeman,
di' hole a dem carryin batan.
Dem waak straight up to mi an' Jim.

One a dem hol' aan to Jim
seh him tekin him in;
Jim tell him fi let goh a him
far him noh dhu not'n
an him naw t'ief,
nat even a but'n.
Jim start to wriggle
Di police start to giggle.

Mama,
mek Ah tell y'u whey dem dhu to Jim
Mama,
mek Ah tell y'u whey dem dhu to him:

dem t'ump him in him belly
an' it turn to jelly
dem lick him pan him back
an' him rib get pap
dem lick him pan him he'd
but it tuff like le'd
dem kick him in him seed
an' it started to bleed

Mama,
Ah jus' could'n' stan-up deh
an' noh dhu not'n:

soh mi jook one in him eye
an' him started to cry
mi t'ump one in him mout'
an' him started to shout
mi kick one pan him shin
an' him started to spin
mi tump him pan him chin
an' him drap pan a bin

an' crash
an de'd.

Mama,
more policeman come dung
an' beat mi to di grung;
dem charge Jim fi sus,
dem charge mi fi murdah.

Mama,
doan fret,
doan get depres'
an' doun-hearted.
Be af good courage
till I hear fram you.

I remain
your son,
Sonny.

Want fi Goh Rave

I woz
waakin doun di road
di addah day
when Ah hear a lickle yout-man say

him seh:
y'u noh si mi situation
mi don't have noh accamadaeshan
mi haffi sign aan at di stayshan
at six in di evenin'
mi seh mi life gat noh meanin'
Ah jus' livin' widout feelin'

still
mi haffi mek a raze
kaw mi come af age
an mi want fi goh rave

I woz
waakin doun di road
annadah day
w'en Ah hear annadah yout-man say

him seh:
mi naw wok fi noh pittance
mi naw draw dem assistance
mi use to run a lickle rackit
but wha, di police dem did stap it
an Ah had woz to hap it

still
mi haffi mek a raze
kaw mi come af age
an' mi want fi goh rave

I woz
waakin doun di road
yet annadah day
w'en Ah hear annadah yout-man say

him seh:
mi haffi pick a packit
tek a wallit fram a jackit
mi haffi dhu it real crabit
an' if a lackit mi haffi pap it
an' if a safe mi haffi crack it
ar chap it wid mi hatchit

but
mi haffi mek a raze
kaw mi come af age
an mi want fi goh rave

Reality Poem

dis is di age af reality
but some a wi a deal wid mitalagy
dis is di age of science an' teknalagy
but some a wi a check fi antiquity

w'en wi cyaan face reality
whey wi dhu?
wi leggo wi clarity
some latch aan to vanity
some hole insanity
some get vizshan
start preach relijan
but dem cyaan mek decishan
w'en it come to wi fite
dem cyaan mek decishan
w'en it come to wi rites

man,
dis is di age af reality
but some a wi deal wid mitalagy
dis is di age af science an' teknalagy
but some a wi a check fi antiquity

dem one deh gaan outta line
dem naw live in fi wi time
far dem seh dem get sine
an' dem bline dem eye
to di lite a di worl'
an' gaan search widin
di dark a dem doom
an' a shout 'bout sin
instead a fite fi win

man,
dis is di age af reality
but some a wi a deal wid mitalagy
dis is di age af science an' teknalagy
but some a wi a check fi antiquity

dis is di age af decishan
soh mek wi leggo relijan
dis is di age af decishan
soh mek wi leggo divishan
dis is di age af reality
soh mek wi leggo mitalagy
dis is di age af science an' teknalagy
soh mek wi hol' di clarity
mek wi hol' di clarity
mek wi hol' di clarity

Reggae fi Radni
(to the memory of Walter Rodney)

yu noh si ow di cloud
dem jus come satta pan mi dream
sit upon mi dream
like a daak silk screen
a daak silk screen
ovah di vizshan I ad seen
di vizshan I ad seen
di vizshan I ad seen...

some may say dat Waltah Radni
woz a victim af hate
some wi seh dat im gaan
through heaven's gate
some wi seh dat Waltah Radni
shouldn' tek-up histri weight
an goh carry it pan im back
like im did wear im anarack

but look ow di cloud
dem jus come satta pan mi dream
sit upon mi dream
like a shout ar a scream
a shout ar a scream
ar a really ugly scene
dat awake mi fram di dream
an alert mi to di scheme...

some may say dat Waltah Radni
woz a prizinah af fate
some wi seh dat im gaan
through di heroes gate
some wi seh dat Waltah Radni
couldn' tek histri weight
soh im tek it aaf im back

an goh put it pan im lap
an goh fall in a trap
an soh Burnham get e drap

yu noh si ow mi dream
come jus get blown to smidahreen
blown to smidahreen
inna di miggle a di dream
di miggle a di dream
before di people dem come een
di people dem come een
di people dem come een...

some may say dat Waltah Radni
woz noh shaak fi di sea
an all dat im did want
woz fi set im people free
wid di workaz an di pezants
im shoulda kawpahrate
but like a fish to di ook
im goh bite pan Burnham bait

but look ow mi dream
come just get blown to smidahreen
blown to smidahreen
inna di miggle a di dream
di miggle a di dream
before di really crucial scene
di really crucial scene is
wen di people dem come een...

Reggae fi Dada

galang dada
galang gwaan yaw sah
yu nevvah ad noh life fi live
jus di wan life fi give
yu did yu time pan ert
yu nevvah get yu jus dizert
galang goh smile inna di sun
galang goh satta inna di palace af peace

o di waatah
it soh deep
di waatah
it soh daak
an it full a hawbah shaak

di lan is like a rack
slowly shattahrin to san
sinkin in a sea af calimity
where fear breed shadows
dat lurks in di daak
where people fraid fi waak
fraid fi tink fraid fi taak
where di present is haunted by di paas

a deh soh mi bawn
get fi know bout staam
learn fi cling to di dawn
an wen mi hear mi daddy sick
mi quickly pack mi grip an tek a trip

mi nevvah have noh time
wen mi reach
fi si noh sunny beach
wen mi reach
jus people a live in shack
people livin back-to-back

mongst cackroach an rat
mongst dirt an dizeez
subjek to terrorist attack
political intrigue
kanstant grief
an noh sign af relief

o di grass
turn brown
soh many trees
cut doun
an di lan is ovahgrown

fram country to toun
is jus tissel an tawn
inna di woun a di poor
is a miracle ow dem endure

di pain nite an day
di stench af decay
di glarin sights
di guarded affluence
di arrogant vices
cole eyes af kantemp
di mackin symbals af independence

a deh soh mi bawn
get fi know bout staam
learn fi cling to di dawn
an wen di news reach mi
seh mi wan daddy ded
mi ketch a plane quick

an wen mi reach mi sunny isle
it woz di same ole style
di money well dry
di bullits dem a fly
plenty innocent a die
many rivahs run dry
ganja planes flyin high

di poor man im a try
yu tink a lickle try im try
holdin awn bye an bye
wen a dallah cyaan buy
a lickle dinnah fi a fly

galang dada
galang gwaan yaw sah
yu nevvah ad noh life fi live
jus di wan life fi give
yu did yu time pan ert
yu nevvah get yu jus dizert
galang goh smile inna di sun
galang goh satta inna di palace af peace

mi know yu couldn tek it dada
di anguish an di pain
di suffahrin di prablems di strain
di strugglin in vain
fi mek two ens meet
soh dat dem pickney coulda get
a lickle someting fi eat
fi put cloaz pan dem back
fi put shoes pan dem feet
wen a dallah cyaan buy
a lickle dinnah fi a fly

mi know yu try dada
yu fite a good fite
but di dice dem did loaded
an di card pack fix
yet still yu reach fifty-six
before yu lose yu leg wicket
'a noh yu bawn grung here'
soh wi bury yu a Stranger's Burying Groun
near to mhum an cousin Daris
nat far fram di quarry
doun a August Town

Wat about di Workin Claas?

fram Inglan to Poelan
evry step acraas di oweshan
di rulin claases dem is in a mess – o yes
di capitalis system a regress
but di Soviet system naw progress
soh which wan a dem yu tink is bes
wen a di two a dem di workahs a cantess
wen crisis is di aadah af di day
wen soh much people cryin out fi change nowaday?

soh wat about di workin claas
comred chairman
wat about di workin claas?
dey pay di caas
dey carry di craas
an dem naw goh figet
dem tanks in Gdansk
dem naw goh figet dem tanks

fram di east to di wes
to di lan I love di bes
di rulin claases dem is in a mess – o yes
crisis is di aadah af di day
di workahs dem demandin more pay evryday
di pezants want a lat more say nowaday
di yout dem rebelin evrywhey
evrywhey insohreckshan is di aadah af di day
is a lat a people cryin out fi change nowaday

noh baddah blame it pan di black workin claas
mistah racist
blame it pan di rulin claas
blame it pan yu capitalis baas
wi pay di caas
wi suffah di laas
an wi naw goh figet New Craas
nat a raas
wi naw goh figet new craas

New Craas Massahkah

(to the memory of the fourteen dead)

first di comin
an di goin
in an out af di pawty

di dubbin
an di rubbin
an di rackin to di riddim

di dancin
an di scankin
an di pawty really swingin

den di crash
an di bang
an di flames staat fi trang

di heat
an di smoke
an di people staat fi choke

di screamin
an di cryin
an di diein in di fyah…

wi did know seh it coulda appn
yu know – anytime, anywhey
far dont it appn to wi
an di Asians dem a'ready?
but in spite a all dat
evrybady woz still shack
wen wi get di cole facks
bout dat brutal attack
wen wi fine out bout di fyah ovah New Craas
bout di innocent life dem whey laas

bout di physically scaard
di mentally mard
an dem relativs who tek it soh aad
an yu know, aldough plenty people woz surprised

fi know seh dem kine a ting deh
coulda appn to wi
inna disya Great Britn
inna Landan tiddey
and a few get frightn
an a few get subdue
allmost evrybady ad to sympahtise
wid di love wans of di inju an di ded
far disya massahkah mek wi come fi realise
it coulda be mi
it coulda be yu
ar wan a fi wi pickney dem
who fell victim to di terrah by nite

but wait
yu noh remembah
ow di whole a black Britn did rack wid grief
ow di whole a black Britn tun a melancally blue
nat di passible blue af di murdahrah's eyes
but like di smoke af gloom on dat cole sundey mawnin

but stap
yu noh remembah
ow di whole a black Britn did rack wid rage
ow di whole a black Britn tun a fiery red
nat di callous red af di killah's eyes
but red wid rage like di flames af di fyah

first di laafin
an di taakin
an di stylin in di pawty

di movin
an a groovin
an a dancin to di disco

di jokin
an di jivin
an di joy af di pawty

den di panic
an di pushin
an di borin through di fyah

di runnin
an di jumpin
and di flames dem risin highah

di weepin
an di moanin
o di harrow af di fyah...

is a hellavva someting fi true yu know
wat a terrible price wi haffi pay dough, mah
jus fi live a lickle life
jus fi struggle fi suvvive
evryday is jus worries an struggle an strife
imagine, soh much young people
cut aaf before dem prime
before di twilite a dem time
widoutn reasn nar rhyme
kyaastin dis shadow af gloom ovah wi life

look ow di police an di press
try dem despahret bes
fi put a stap to wi ques fi di trute
yu membah? fus dem seh it could be arson
den dem seh parhaps nat
fus dem seh a fyah-bam
den dem seh maybe nat

dem imply it coulda white
dem imply it coulda black
who rispance fi di attack
gense doze innocent young blacks

insteada raisin di alaam
mek di public know wha gwaan
plenty paypah print pure lie
fi bline joe public eye
and di police dem plat an scheme
canfuse an canceal
mi hear seh
even di poor payrence af di ded dem try fi use
but yu know
in spite a dem wicked prapahghanda
wi refuse fi surrendah
to dem ugly inuendoh
far up till now
nat wan a dem
needah Stakwell, needah Wilson nar Bell
nat wan a dem can tell wi why
nat wan a dem can tell wi who
who tun dat nite af joy into a mawnin af sarrow
who tun di jallity into a ugly trajedy!

first di comin
an di goin
in an out af di pawty

di dubbin
an a rubbin
an a rackin to di riddim

di dancin
an di scankin
an di pawty really swingin

di laafin
an di taakin
an di stylin in di pawty

di movin
an a groovin
an di dancin to di disco

di jokin
an di jivin
an di joy af di pawty

den di crash
an di bang
an di flames staat fi trang

di heat
an di smoke
an di people staat fi choke

di screamin
an di cryin
an di diein in di fyah

di panic
an di pushin
an di borin through di fyah

di runnin
an di jumpin
an di flames dem risin highah

di weepin
an di moanin
o di harrow af di fyah

Di Great Insohreckshan

it woz in april nineteen eighty wan
doun inna di ghetto af Brixtan
dat di babylan dem cauz such a frickshan
dat it bring about a great insohreckshan
an it spread all ovah di naeshan
it woz truly an histarical occayshan

it woz event af di year
an I wish I ad been dere
wen wi run riat all ovah Brixtan
wen wi mash-up plenty police van
wen wi mash-up di wicked wan plan
wen wi mash-up di Swamp Eighty Wan
fi wha?
fi mek di rulah dem andahstan
dat wi naw tek noh more a dem oppreshan

an wen mi check out di ghetto grape vine
fi fine out all I coulda fine
evry rebel jussa revel in dem story
dem a taak bout di powah an di glory
dem a taak bout di burnin an di lootin
dem a taak bout di smashin an di grabin
dem a tell mi bout di vanquish an di victri

dem seh di babylan dem went too far
soh wi ad woz fi bun two cyar
an wan an two innocent get mar
but wha
noh soh it goh sometime inna war ein star
noh soh it goh sometime inna war?

dem seh wi bun dung di George
wi coulda bun di lanlaad
wi bun dung di George

wi nevvah bun di lanlaad
wen wi run riat all ovah Brixtan
wen wi mash-up plenty police van
wen wi mash-up di wicked wan plan
wen wi mash-up di swamp eighty wan

dem seh wi comandeer cyar
an wi ghaddah ammunishan
wi bill wi baricade
an di wicked ketch afraid
wi sen out wi scout
fi goh fine dem whereabout
den wi faam-up wi passi
an wi mek wi raid

well now dem run gaan goh plan countah-ackshan
but di plastic bullit an di waatah cannan
will bring a blam-blam
will bring a blam-blam
nevvah mine Scarman
will bring a blam-blam

Mekkin Histri

now tell mi someting
mistah govahment man
tell mi someting

how lang yu really feel
yu coulda keep wi andah heel
wen di trute done reveal
bout how yu grab an steal
bout how yu mek yu crooked deal
mek yu crooked deal?

well doun in Soutall
where Peach did get fall
di Asians dem faam-up a human wall
gense di fashist an dem police sheil
an dem show dat di Asians gat plenty zeal
gat plenty zeal
gat plenty zeal

it is noh mistri
wi mekkin histri
it is noh mistri
wi winnin victri

now tell mi someting
mistah police spokesman
tell mi someting

how lang yu really tink
wi woulda tek yu batn lick
yu jackboot kick
yu dutty bag a tricks
an yu racist pallyticks
yu racist pallyticks?

well doun in Bristal
dey ad noh pistal
but dem chaste di babylan away
man yu shoulda si yu babylan
how dem really run away
yu shoulda si yu babylan dem dig-up dat day
                                                            dig-up dat day
                                                            dig-up dat day

it is noh mistri
wi mekkin histri
it is noh mistri
wi winnin victri

now tell mi someting
mistah ritewing man
tell mi someting

how lang yu really feel
wi woulda grovel an squeal
wen soh much murdah canceal
wen wi woun cyaan heal
wen wi feel di way wi feel
feel di way wi feel?

well dere woz Toxteth
an dere woz Moss Side
an a lat a addah places
whey di police ad to hide
well dare woz Brixtan
an dere woz Chapeltoun
an a lat a addah place dat woz burnt to di groun
                                                            burnt to di groun
                                                            burnt to di groun

it is noh mistri
wi mekkin histri
it is noh mistri
wi winnin victri

Beacon of Hope
(for John La Rose)

luminous pyrophorus
in latin letters
cucujos in Mexico?
in english candle fly

the sun fades slowly
behind the distant hill
falls
beyond
today's
horizon
signals the twilight of your dawn

welcome peeni waali fire fly
fine fluorescent gift of night

tonight you will illuminate the path of dreams
like glow-worms of the northern climes
your flashing fluorescence
are eyes of light
flashing sparks
that pierce the dark
of my moonless starless tropical night

welcome nocturnal friend
I name you beacon of hope

tonight fear fades to oblivion
as you guide us beyond the stars
to a new horizon

tomorrow a stranger will enter
my hut my cave my cool cavern of gloom
I will give him bread
he will bring good news from afar
I will give him water
he will bring a gift of light

Story

wance upan a time
jus like inna nursery rime
before piggy tun swine

mi did wear
mi fear
pan mi face
like a shiel
like a mawsk

an evrybady tink mi cool an deadly

nottn yu coulda seh
woulda mek mi tek it awf
an if yu get mi nervos
ah woulda jus lawf it awf

an evrybady tink mi cool an deadly

but nat soh lang ago
jus like inna pitcha show
whey di hero get a blow

mi spirit get vex
an mi get soh ressless
dat mi get careless
an goh bare mi mawgah chess

mi nevvah indah tink seh
dat it mek out a glaas
dat di whole wide worl coulda si
rite dung to di vien inna mi awt

ow dem twis-up
ow dem tie-up

ow dem tite-up
o mi awt
ow it cut-up
ow it craw-up
ow it scar-up

(it is a aad awt fi mawstah yu know
dis smilin an skinin yu teet
wen yu awt swell-up soh till yu feel it a goh bus
wen yu cyaan fine de rime fi fit di beat
wen yu cyaan fine de ansah fi di puzzle complete)

soh now mi tek awf mi mawsk
an staat fi wear daak glaas
but evry so awftin
mi haffi tek it awf
an evry nowanden
mi fine mi laas

oonu evah
si mi trial
si mi crawsiz?

Sense outta Nansense

di innocent an di fool could paas fi twin
but haas a haas
an mule a mule
mawgah mean mawgah
it noh mean slim

yet di two a dem in camman share someting

dem is awftin canfused an get used
dem is awftin criticised an campramised
dem is awftin villified an reviled
dem is awftin foun guilty widoutn being tried

wan ting set di two a dem far apawt dow
di innocent wi hawbah dout
check tings out
an maybe fine out
but di fool
cho…

di innocent an di fool could paas fi twin
but like a like
an love a love
a pidgin is a pidgin
an a dove is a dove

yet di two a dem in camman share someting

dem is awftin anticipated an laywaited
dem is awftin patronised an penalised
dem is awftin pacified an isolated
dem is awftin castigated and implicated

wan ting set di two a dem far apawt dow

di innocent wi hawbah dout
check tings out
an maybe fine out
but di fool
cho...

di innocent an di fool could pass fi twin
but rat a rat
an mouse a mouse
flea a flea
an louse a louse

yet di two a dem in camman share someting

dem is awftin decried an denied
dem is awftin ridiculed an doungraded
dem is sometimes kangratulated an celebrated
dem is sometimes suprised an elated
but as yu mite have already guess
dem is awftin foun wantin more or less

dus spoke di wizen wans af ole
dis is a story nevvah told

Tings an Times

duped
doped
demaralized

dizzied
dazed
traumatized

blinded by resplendent lite af love
dazzled by di firmament af freedam
im couldn deteck deceit
all wen it kick im in im teet
im couldn cry khorupshan
an believe inna man
im nevvah know bout cleek
im did umble im did meek
im nevvah know intrigue
im nevvah inna dat deh league
im nevvah did andahstan
dat an di road to sowshalism
yu could buck-up nepotism
im wife dangerous
im bredda tretcherous
an im kozn very vicious

duped
doped
demaralized

dizzied
dazed
traumatized

now like a fragile fragment af lite
trapped inna di belly a di daak nite
like a bline man stupified an dazed
last an alone in a mystical maze

fi days
        upan
              days
        upan
   days
        upan
              days
watch him driftin craas di oweshan af life
widoutn ruddah nar hankah nar sail
fi days
        upan
              days
        upan
   days
        upan
              days
call im flatsam af di tides a di times
if yu like
laas inna di labahrint af life
if yu like

duped
doped
demaralized

dizzied
dazed
paralized

ship-wreck gense di sans af di tides a di times
meditatin pan di bad ole days
face doun pan di gleamin seashore
nat soh certn nat soh sure like before

di salt a di sea pan di san inna im eye
an im would gi it back
if im could cry
di soun a di surge a di sea
harmonize wid di swayin bamboo trees
an im brains jus a tick
all kine a tauts now inna it
like dem despahrate days af defiance
wen young rebels did a fite gense oppreshan
wen young rebels did a fling fyah-bam
wen dem march wid dem bannahs raised
chantin freedam chantin justice chantin blood an fyah
wen nuff crucial trail did a blaze
tekkin di struggle to a highah stage

duped
doped
demaralized

dizzied
dazed
paralized

now wash-up
wet-up an
mash-up
im raise-up
katch-up
an sit-up
wid im han pan im jaw
an im hed a heng doun
a kansidah ow young rebels get ole ow
some sell dem soul
some get lef out im di cole
some get elevate
some get depreciate
some tun miggle claas
some a gamble race haas

some a try fi live clean
some get vicious an mean
some plague wid dout
some still a tuff it out
wan an two a fite di struggle in dem hed
lead di leadahless inna dem hed
win di revalueshan in dem hed
all a tun prime ministah in dem hed

duped
doped
demaralized

dizzied
dazed
traumatized

now im wandahrin pandahrin kansidahrin
posin all kine a riddle to imself like
now dat wi come out a di wan room dem
an time an fawchune been some a wi fren
now dat wi gat wi council flat
an wi dis an wi dat
wi collah tee vee an all di mad con
now dat wi create some space
an nuff a wi own a lickle place
now dat wi gat wi mp an wi black jp
blacks pan di radio
blacks pan tee vee
wi sir an wi laad an wi mbe
a figat wi figat ar a it dat?
do wi need annahdah moses
fi teck wi craas di sea
an seh gwaan waak craas
oonu free oonu free
as wi entah di twenty-first century
ar wi lang paas dat deh era dat deh stage
an is each an evrywan who haffi rise now
fi meet di dawnin af a diffahrant age?

im woz wandahrin pandahrin kansidahrin
wen im hear a vice like di win seh, cho
a jus tings an times
wandahs an sines
but noh get mystic
be realistic
an im hear a nex vice like di sea seh
somtimes di pungent owedah af decay
signal seh bran new life deh pan di way

Mi Revalueshanary Fren

mi revalueshanary fren is nat di same agen
yu know fram wen?
fram di masses shatta silence –
staat fi grumble
fram pawty paramoncy tek a tumble
fram Hungary to Poelan to Romania
fram di cozy cyaasle dem staat fi crumble
wen wi buck-up wananada in a reaznin
mi fren always en up pan di same ting
dis is di sang im love fi sing:

Kaydar
e ad to go
Zhivkov
e ad to go
Husak
e ad to go
Honnicka
e ad to go
Chowcheskhu
e ad to go
jus like apartied
will av to go

awhile agoh mi fren an mi woz taakin
soh mi seh to im:

wat a way di eart a run nowadays, man
it gettin aadah by di day
fi know whey yu stan
cauz wen yu tink yu deh pan salid dry lan
wen yu teck a stack yu fine yu ina quick-san
yu noh notice ow di lanscape a shiff
is like valcanoe andah it an notn cyaan stap it
cauz tings jusa bubble an a bwoil doun below
strata sepahrate an refole

an wen yu tink yu reach di mountain tap
is a bran-new platow yu goh buck-up

mi revalueshanary fren shake im ed an im sigh
dis woz im reply:

Kaydar
e ad to go
Zhivkov
e ad to go
Husak
e ad to go
Honnicka
e ad to go
Chowcheskhu
e ad to go
jus like apartied
will av to go

well mi nevah did satisfy wid wat mi fren mek reply
an fi get a deepa meanin in di reaznin
mi seh to im:

well awrite
soh Garby gi di people dem glashnas
an it poze di Stallinist dem plenty prablem
soh Garby leggo peristrika pan dem
canfoundin bureacratic strategems
but wi haffi face up to di cole facks
im also open up pandora's bax
yes, people powa jus a showa evry howa
an evrybady claim dem demacratic
but some a wolf an some a sheep
an dat is prablematic
noh tings like dat yu woulda call dialectic?

mi revalueshanary fren pauz awhile an im smile
den im look mi in mi eye an reply:

Kaydar
e ad to go

Zhivkov
e ad to go
Husak
e ad to go
Honnicka
e ad to go
Chowcheskhu
e ad to go
jus like apartied
will av to go

well mi couldn elabarate
plus it woz gettin kinda late
soh in spite a mi lack af andahstandin
bout di meanin a di changes
in di east fi di wes, nonediless
an alldow mi av mi rezahvaeshans
bout di cansiquenses an implicaeshans
espehshally fi black libahraeshan
to bring di reaznin to a canclueshan
ah ad woz to agree wid mi fren
hopein dat wen wi meet up wance agen
wi coulda av a more fulla canvahsaeshan

soh mi seh to im, yu know wat?
im seh wat? mi seh:

Kaydar
e ad to go
Zhivkov
e ad to go
Husak
e ad to go
Honnicka
e ad to go
Chowcheskhu
e ad to go
jus like apartied
soon gaan

Di Anfinish Revalueshan

now watchya mistah man
mi noh like di way yu tan
an yu tan soh too lang yu know man
a meditate yu a meditate pan di same sang soh lang?
well hear mi man:

mi naw preach
mi naw teach
mi jus a show yu
ow mi seit
caw di trute well sweet
jus like a African beat
like wen yu si whey yu comin fram
like wen yu site whichpawt yu reach
soh mi noh care if yu waan vex
ar even gwaan like yu perplex
mi a goh show yu whey mi si mistah man

yu jus siddung an fole-up like a cabbidge
like seh yu gat noh andahstandin gat noh nallidge
like seh yu still noh realise seh a jus di addah day
wi chuck-awf di chokin chains af bandidge
dat in spite a di hateridge an disadvantage
dow wi slip-up an stumble pan di way
wi still reach far doun freedam street
still mindful af di minefields pan di way

soh mi a beg yu mistah man
please come out a yu shell
yu cyaan dwell inna di paas
dat laas fi evah yu know mi bredda
now dat di sun a shine brite
please come out a di doldrums a di daak nite

histri biggah dan mi ar yu yu know
time cyaan steal but it can heal
soh shake di dew fram out yu hed
wipe di cabweb fram yu face
wi gat nuff work fi dhu
far wi noh reach mount zion
yet

yes wi phuddung a salid foundaeshan
fi true
an wan an two a wi well a get tru
fi true
but wi still noh bil di new jerusalem
yet

di time goin come agen
yu can bet
wen wi a goh march awn agen
yu hear mi fren
mobilise wi woman an wi fren dem
agen
even di pickney dem a goh jine een
agen
far freedam is nat noh idealagy
freedam is a human necessity
it cyaan depen pan now wan somebady
is up to each an evry wan a wi

mi naw preach
mi naw teach
mi jus a show yu
ow mi seit
caw di trute well sweet
jus like a African beat
like wen yu si whey yu comin fram
like wen yu site whichpawt yu reach
soh mi noh care if yu waan vex
ar even gwaan like yu perplex
mi jus a show yu whey mi si mistah man

Di Good Life

(to the memory of C.L.R. James & John Holness)

sowshallism
                is a wise ole shephad
im suvvive tru flood
                tru drout
                tru blizad

some people seh
im a two hundred an add years ole
addah people seh
notn noh goh soh
dat im a jus seventy add years ole
some seh im is a ghost
some seh im is a sage
but nohbady noh really know
im riteful age ar whey im come fram

fateful is im flack
fram di ewe to di ram to di lam
rite tru tick an tin
dem mostly cling to im
awftah all
noh im guide an sheltah an proteck dem?
(sometime a dem haffi proteck im dow
like ow a dem haffi proteck im now)

look ow im stretch out pan im back
pan di brown grass
di white hair pan im branze hed
like a kushan gense di weepin willow tree
lookin bedraggled an tin
like seh life done wid im
like seh im is totally at peace widin

noh baddah goh feel sarry fi im
ar goh tink poor ting
nat a ting noh dhu im

all dat really happn
is dat due to di heat a di time
like lickle bwoy blue im drap asleep
an a dream bout lickle bow peep

an wan an two a im flack dem drif a way
while di addah ism dem
jus a watch an a peep
jus a crawl an a creep
an noh baddah ask if dem naw mek fun
fi canfuse an cansume all di stray dem

but evryting is jus fi a time
soon di flack wi tek a stack an surmise
ow far fram di fole dem a stray
wen dem site ow di pack jus a staak dem
dem wi come back togeddah wance agen
an shephad di sage to a highah groun
whichpawt di grass is greenah an sweetah
whichpawt di breeze blow is like a balm
whichpawt di stream run quietah an coolah
whichpawt life can be pleasant can be calm

Linton Kwesi Johnson was born in 1952 in Chapelton, a small town in the rural parish of Clarendon, Jamaica. He came to London in 1963, went to a Tulse Hill secondary school, and later studied sociology at Goldsmiths' College (University of London).

After leaving school, he joined the Black Panthers, helped to organise a poetry workshop within the movement, and developed his work with a group of poets and drummers called Rasta Love. In 1977 he was awarded a C. Day Lewis Fellowship as a writer-in-residence in the London Borough of Lambeth; later he worked at the Keskidee Centre as a Library Resources and Education Officer.

His poems first appeared in the journal *Race Today*, and in 1974 Race Today brought out his first collection, *Voices of the Living and the Dead. Dread Beat An' Blood* (Bogle-L'Ouverture, London, 1975) was his second book of poems, and also the title of his first LP record, released by Virgin in 1978. A third book followed, *Inglan is a Bitch* (Race Today, 1980), and three more records on the Island label: *Forces of Victory* (1979), *Bass Culture* (1980) and *Making History* (1983), as well as a dub compilation, *LKJ in Dub* (Island, 1981).

He launched his own record label, LKJ, in 1980 with two singles by the Jamaican poet Michael Smith, *Mi Cyaan Believe It* and *Roots*. During the eighties he became immersed in journalism, working closely with the Brixton-based Race Today collective. His 10-part radio series on Jamaican popular music, *From Mento to Lovers Rock*, went out on Radio One in 1983. He also toured regularly with the Dub Band, and with Dennis Bovell produced albums by the writer Jean Binta Breeze and by jazz trumpeter Shake Keane.

His album *LKJ Live in Concert* was released independently in 1985. His most recent LPs are *Tings an' Times* (1991) and *LKJ A Capella Live* (1996), both available on CD from LKJ Records and from Bloodaxe Books (for more details see page 2 of this book). His Selected Poems, *Tings an Times*, was first published by Bloodaxe Books with LKJ Music Publishers in 1991.

In 1985 Linton Kwesi Johnson was made an Associate Fellow of Warwick University. In 1987 he was made an Honorary Fellow of Wolverhampton Polytechnic. In 1990 he received an award at the XIII Premo Internazionale Ultimo Novecento from the city of Pisa for his contribution to poetry and popular music.